真相秘密研究

熊 伟 编著　丛书主编 周丽霞

地理：地球迷宫的真相

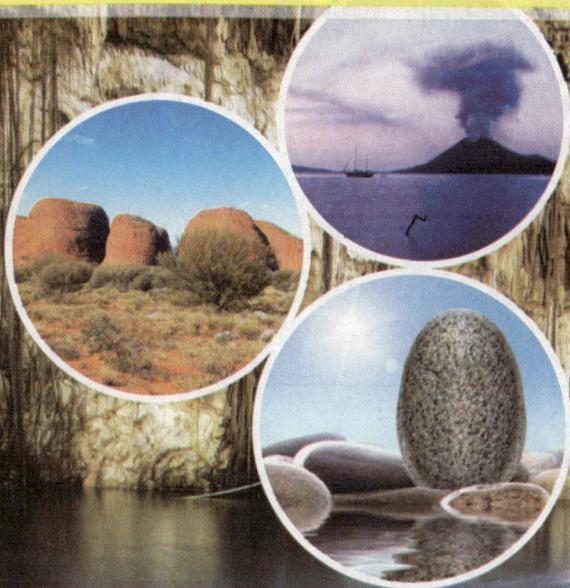

汕头大学出版社

图书在版编目（CIP）数据

地理：地球迷宫的真相 / 熊伟编著. -- 汕头 ： 汕
头大学出版社，2015.3 （2020.1重印）
　　（学科学魅力大探索 / 周丽霞主编）
　　ISBN 978-7-5658-1683-3

　　Ⅰ．①地… Ⅱ．①熊… Ⅲ．①地理－世界－青少年读
物 Ⅳ．①K91-49

中国版本图书馆CIP数据核字 (2015) 第027434号

地理：地球迷宫的真相　　　　　DILI: DIQIU MIGONG DE ZHENXIANG

编　　著：熊　伟
丛书主编：周丽霞
责任编辑：宋倩倩
封面设计：大华文苑
责任技编：黄东生
出版发行：汕头大学出版社
　　　　　广东省汕头市大学路243号汕头大学校园内　邮政编码：515063
电　　话：0754-82904613
印　　刷：三河市燕春印务有限公司
开　　本：700mm×1000mm　1/16
印　　张：7
字　　数：50千字
版　　次：2015年3月第1版
印　　次：2020年1月第2次印刷
定　　价：29.80元
ISBN 978-7-5658-1683-3

前　言

　　科学是人类进步的第一推动力，而科学知识的学习则是实现这一推动的必由之路。在新的时代，社会的进步、科技的发展、人们生活水平的不断提高，为我们青少年的科学素质培养提供了新的契机。抓住这个契机，大力推广科学知识，传播科学精神，提高青少年的科学水平，是我们全社会的重要课题。

　　科学教育与学习，能够让广大青少年树立这样一个牢固的信念：科学总是在寻求、发现和了解世界的新现象，研究和掌握新规律，它是创造性的，它又是在不懈地追求真理，需要我们不断地努力探索。在未知的及已知的领域重新发现，才能创造崭新的天地，才能不断推进人类文明向前发展，才能从必然王国走向自由王国。

　　但是，我们生存世界的奥秘，几乎是无穷无尽，从太空到地球，从宇宙到海洋，真是无奇不有，怪事迭起，奥妙无穷，神秘莫测，许许多多的难解之谜简直不可思议，使我们对自己的生命现象和生存环境捉摸不透。破解这些谜团，有助于我们人类社会向更高层次不断迈进。

其实，宇宙世界的丰富多彩与无限魅力就在于那许许多多的难解之谜，使我们不得不密切关注和发出疑问。我们总是不断去认识它、探索它。虽然今天科学技术的发展日新月异，达到了很高程度，但对于那些奥秘还是难以圆满解答。尽管经过许许多多科学先驱不断奋斗，一个个奥秘不断解开，并推进了科学技术大发展，但随之又发现了许多新的奥秘，又不得不向新的问题发起挑战。

宇宙世界是无限的，科学探索也是无限的，我们只有不断拓展更加广阔的生存空间，破解更多奥秘现象，才能使之造福于我们人类，人类社会才能不断获得发展。

为了普及科学知识，激励广大青少年认识和探索宇宙世界的无穷奥妙，根据最新研究成果，特别编辑了这套《学科学魅力大探索》，主要包括真相研究、破译密码、科学成果、科技历史、地理发现等内容，具有很强系统性、科学性、可读性和新奇性。

本套作品知识全面、内容精炼、图文并茂，形象生动，能够培养我们的科学兴趣和爱好，达到普及科学知识的目的，具有很强的可读性、启发性和知识性，是我们广大青少年读者了解科技、增长知识、开阔视野、提高素质、激发探索和启迪智慧的良好科普读物。

目 录

1

有趣的群岛之国

千岛之国是指拥有上千个大大小小各种各样岛屿的国家，如印度尼西亚、菲律宾和马尔代夫等。

印度尼西亚共和国由13667个大小岛屿组成，其中6000多个岛屿有人居住，因此有"千岛之国"的美称。印度尼西亚共和国简称印度尼西亚或者印尼。

印度尼西亚是东南亚的群岛国，它横贯赤道，领土有190多万

平方千米。它的面积居亚洲第四位，人口居亚洲第五位，但是，它的岛屿数却名列世界前茅，高达13667个，素有"千岛之国"的称号。

实际上，印度尼西亚应该是个名副其实的"万岛之国"。仅国内的千岛县，一个县就有岛屿1000多个。廖内县则更多，达2500多个。

无论就岛屿总数说，还是从群岛的总面积看，印度尼西亚的"千岛之国"之名，都是名不虚传的。单就它的名字来看，其中"印度"一词，在梵文中意为"海"，"尼西亚"在希腊语中意为"岛屿"，印度尼西亚一词，就是"海"和"岛"的合称。

此外，印度尼西亚还有一个很动听的土著名称叫"奴山打拉"，也正是"群岛之国"的意思。由于岛多而分散，全国重要的海和海峡就有10多个，因此印度尼西亚又被称为世界上最大的"海国"。

　　有趣的是，印度尼西亚的许多岛名和城名都有其特有的含义与来历。印度尼西亚首都雅加达，坐落在西爪哇北海岸，"雅加达"一词，在印尼语意中为"光荣的堡垒"，代表着印度尼西亚人民是不可战胜的。"伊里安"在印度尼西亚语中含有"人民"和"高地"的意思，意为"人民的高地"。爪哇岛上的万隆是座风景优美的山城，坐落在火山群中。这个地方曾称"勃良安"，意即"仙之国"，后改为"万隆"。印度尼西亚西端的苏门答腊，古时曾称"苏瓦纳布米"，意即"光辉绮丽的乡土"或"盛

产黄金的国土"。

这些岛名和城名的意思和演变，寄托和表达了印度尼西亚人民对祖国的热爱和对美好生活的向往。印度尼西亚独立后，有着很大的发展潜力，所以又赢得了"希望之岛"的美称。

延 伸 阅 读

我国沿海500平方米以上的岛屿有3536个，其中有人居住的岛屿有450个，除台湾省外，有12个海岛县，200多个海岛乡。浙江、福建两省海岛有3500个，占总数的54%。我国海岛最多的省是浙江，共有海岛1912个。

生长蝮蛇的怪岛

在我国辽宁省大连旅顺西北43.6千米处的渤海湾海面上，有一个面积约1平方千米的岛屿。岛上地势陡峭，多洞穴和灌木。就在这样一个由石英岩和石英砂岩组成的小岛上，盘踞着成千上万条蝮蛇。因此，人们称它为"蛇岛"。

蛇岛以蝮蛇的数目众多而闻名中外。当你踏上蛇岛就会发

现：无论在树干上或草丛中，还是在岩洞里或石隙内，处处都有蛇。它们蜷伏着、爬行着，有的张口吐舌，露出一副凶相。

这些蛇会利用各种保护色伪装。它们倒挂在树干上就像枯枝，趴在岩石上似岩石的裂纹，蜷伏在草丛间又活像一堆牛粪。

据统计，蛇岛上的蝮蛇有20000多条，并且每年增殖1000条左右。这种情景在世界上也是独一无二的。

人们不禁要问，在这弹丸之地的孤岛上，为什么栖息着这么多的蝮蛇？

我国科学工作者经过考察研究后认为，蛇岛特殊的地理位置，为蝮蛇的生存和繁衍创造了良好的环境。

首先，蛇岛上的石英岩、石英砂岩和沙砾岩中，有许多大大小小的裂缝。这些裂缝既能蓄雨水，又能为蝮蛇的穴居提供良好的场所。

其次，蛇岛位于温带海洋中，气候温和湿润。每年无霜期有180多天，是东北最暖和的地方，对植物的生长和昆虫、鸟类的繁殖极为有利。

再次，岛上的土壤很深厚，土质结构疏松，水分丰富，宜于植物生长和蝮蛇打洞穴居。蝮蛇生性畏寒，洞穴为它们提供了越冬的条件。

最后，岛上没有人，也没有刺猬等蛇类的天敌，对蝮蛇的繁

衍非常有利。

蝮蛇是一种卵胎生的爬行动物，繁殖力较强。母蛇每次可产10多条小蛇，在生得多、死得少的情况下，蛇岛日益繁盛。

延 伸 阅 读

南美洲的某处有一个巴西蛇岛，在政府的保护下，那里被严明禁令：除科学家以外，任何人一律不得入内。因为那里是蛇的天堂，也是人类的地狱，据说曾经有11个农夫不听劝阻，试图闯入，几小时之内便全部死亡。

"冰岛"名字的由来

　　你听说过有一个叫冰岛的国家吗？听到这个名字，也许你会浮想联翩，冰岛是不是岛上全是冰所以才称为冰岛呢？

　　冰岛共和国，意为"冰的陆地"，成立于1944年6月17日。因其为岛国，汉译成冰岛，是欧洲国名中唯一采用意译的汉语名

称。冰岛虽意为"冰冻的陆地"，而实际上这块游离于北欧大陆之外的岛国，却是绿草茵茵、地热丰富、渔业发达的富饶国家。

冰岛靠近北极圈，它以冰为名，听起来是很冷的地方，其实，也不全是这样的。

冰岛大部分地区是高原和山脉，内陆还有冰川覆盖着，确实较冷，人烟稀少。岛上的代特纳冰原面积约500平方千米，最厚的地方有1000米。

大城市主要分布在沿海地带，由于受海洋性气候的影响，夏天非常凉爽，冬天则比同纬度的其他地区温暖很多。

同时，还由于有一股名叫伊尔明格的暖流环绕全岛流过，来

自海洋的风把暖湿的空气带到岛上，同岛上的冷空气交汇。因此，它风云多变，夏凉冬暖，雨水充沛。

既然如此，为什么冰岛要起一个与"冰"有关的名字？

据说，冰岛之名的起源有两种说法：

一是源于发现者的最初印象。4世纪，希腊地理学家皮菲依曾经称它为"雾岛"。但由于海岛远离大陆，交通不便，很少有人光临。

864年，斯堪的纳维亚航海家弗洛克踏上岛岸，此岛才真正被发现。后来，斯堪的纳维亚人、爱尔兰人、苏格兰人纷至沓来。

当这些移民的船驶近南部海岸时，首先见到的是一座巨大冰

川，即冰岛著名的瓦特纳冰川。人们对这个冰川留下了极深的印象，于是把该岛命名为"冰岛"。

二是源于殖民者的计谋。最初的殖民者在岛上定居以后，不希望别人再来分享自己的"口中食"，所以将其取名为"冰岛"，以图阻止人们闻风而来。

延 伸 阅 读

冰岛是欧洲西北、大西洋北部岛国，是世界上火山活动最剧烈的地区之一。由于火山活动频繁，地下没有完全冷凝的熔岩把地下水烤得很热，然后热水沿地层的裂缝涌出来，就形成了很多温泉。

台湾称 "宝岛" 的由来

台湾位于祖国的东南海哨，北面是东海，西南面是南海，东面是太平洋，西隔台湾海峡与福建省相望，面积约30000多平方千米。海峡最狭处位于福建省平潭岛与台湾新竹市之间，为130千米。天气晴朗时，站在大陆的海边，可以隐约看见澎湖列岛上的烟火和台湾高山上的云雾。

台湾海峡为我国南北方之间的海上交通要道，是著名的远东海上走廊。它与庙岛群、舟

山群岛、海南岛，构成一条海上"长城"，为我国东南沿海的天然屏障，战略位置十分重要。

台湾岛形似纺锤，是我国最大的岛屿，也是一个年轻的海岛，山地约占全岛面积的三分之二。山势巍峨，群峰挺秀。台湾山脉中的中央山脉纵贯全岛，像个"屋脊"。台湾岛山势陡峻，河流湍急，水力资源蕴藏量大。岛上最长的河流是浊水溪。台湾山地森林资源丰富，是亚洲有名的天然植物园。台湾的地下矿藏多种多样。中央山脉是金、铜等金属矿的主要产地，西部是煤、石油等的主要分布区；台湾岛北部的大屯火山群具有丰富的天然硫黄。台湾周围浅海还蕴藏着石油和天然气资源。广阔的浅海多水产资源，西海岸又是重要的海盐产区。

作为著名的世界旅游胜地，台湾总是被人们冠名为"美丽而又富饶的宝岛"。台湾岛上的风光，可概括为"山高、林密、瀑多、岸奇"等几个特征。

台湾是世界上少有的热带"高山之岛"，除西岸一带为平原外，其余都是高山峻岭。其中，最高的中央山脉，号称"台湾屋脊"。最著名的是阿里山，为台湾秀丽俊美风光之象征。

台湾因盛产大米，为此有"米仓"之誉；盛产蔗糖，因而有"东方糖库"之称；盛产茶叶，其中冻顶乌龙茶驰名中外；盛产香蕉、菠萝、柑橘、荔枝、龙眼、

木瓜、柚子、枇杷、芒果、橄榄、椰子等，一年四季不断，因而有"水果之乡"之称；有丰富的森林资源，号称"森林之海"；盛产食盐，而有"东南盐库"之称；此外，还有"兰花王国"、"蝴蝶王国"、"珊瑚王国"、"鱼仓"等美誉，不胜枚举。

延 伸 阅 读

日月潭是台湾岛上最大的湖泊，位于南投县鱼池乡水社村，是台湾唯一的天然湖，建有日月潭水电站。台湾享有热带、亚热带"水果之乡"的美名，四季鲜果不断。香蕉和菠萝驰名中外。

撒哈拉的"绿洲时代"

　　撒哈拉沙漠约形成于250万年前，是世界第二大荒漠，仅次于南极洲，是世界最大的沙质荒漠。它位于非洲北部，气候条件非常恶劣，是地球上最不适合生物生存的地方之一。其总面积约容得下整个美国本土。

撒哈拉大沙漠全部是沙丘、流沙和砾漠。"撒哈拉"一词在阿拉伯语中是"大荒漠"的意思，非常形象地说明了撒哈拉大沙漠是多么地荒凉。那么，撒哈拉大沙漠究竟荒凉了多久呢？人们在不断探索下，终于证明了撒哈拉大沙漠地区远在公元前6000年至公元前3000年的远古时期，曾经是一片肥沃的平原。早期居民们曾经在那片绿洲上，创造出了非洲最古老和最值得骄傲的灿烂文化。

科学家曾经在撒哈拉沙漠发现大量的岩画，岩画上有水牛、河马和一些在水里生活的动物，更让人感到不可思议的是，在这些岩画里边竟然没有骆驼！这令科学家感到十分迷惑，因为只有在有沙漠的地方，才会有骆驼！

科学家们还发现，这些壁画往往是用不同的风格，在不同的年代被刻画在岩壁上的，所以重重叠叠地刻画在一块儿。

这些都说明，那时候，撒哈拉地区的人们在这里长期地生活繁衍。也就是说，那时候的撒哈拉地区正处在有水、有草、人兴畜旺的草原时代。那么，撒哈拉沙漠是如何形成的呢？

水牛、河马必须在有水和草的草原上才能生存！撒哈拉大沙漠里的岩画上没有骆驼，这就说明这里在远古时代一定是水草丰茂，绝不会是像现在的这副样子，到处都是沙丘和流沙，到处是死气沉沉。科学家用放射性碳-14测定年代的方法测出，这些壁画是在大约距今4500年至7400年的时候被创作出来。

科学家们研究和分析，认为撒哈拉地区由草原退化为沙漠经历了一个漫长的过程。撒哈拉地区先是气候发生突然变化，导致降雨

量急剧减少。这些少量的雨水，流进内陆盆地，可是由于雨水流量不多，也就滞留在此，慢慢地形成了沼泽。

经过漫长的时间，沼泽里的水分在太阳的照射下慢慢变干，沙丘开始出现在撒哈拉的大地上。这时候，撒哈拉地区的气候恶化得更加严重，风沙也越来越猛烈，撒哈拉地区也就慢慢变成了沙漠地带。

延伸阅读

撒哈拉沙漠植被整体来说是稀少的，高地、绿洲洼地和干河床四周散布有成片的青草、灌木和树。在含盐洼地发现有盐土植物。在缺水的平原和撒哈拉沙漠的高原有某些耐热耐旱的青草、草本植物、小灌木和树。

鸣沙会发出声音

　　鸣沙，就是会发出声响的沙子，是一种很普遍的自然现象。美国的长岛、马萨诸塞湾、威尔斯河两岸，英国的诺森伯兰海岸，丹麦的波恩贺尔姆岛，波兰的科尔堡，还有蒙古戈壁滩，智利阿塔卡玛沙漠，沙特阿拉伯的一些沙滩和沙漠，都会发出奇特的声响。据说，世界上已经发现了100多种类似的沙滩和沙漠。

　　鸣沙这种自然现象在世界上不仅分布广，而且沙子发出的声音也是多种多样的。像美国夏威夷群岛的高阿夷岛上的沙子，会发出一阵阵好像狗叫一样的声音，所以人们称它是"犬吠沙"。苏格兰爱格岛上的沙子，能发出一种好像食指在拉紧的丝弦上弹了一下的声音。

　　我国甘肃省敦煌县城南6000米有一处鸣沙山。《太平御览》和《大正藏》这两部书里曾经记载过，那时候叫"神沙山"、"沙角山"。

　　鸣沙山东西大约40千米长，南北大约有20千米宽，高有数十米，山峰陡峭，它的北麓就是特别著名的月牙泉。如果人们登上鸣沙山往下看，下面的沙丘是一个接着一个的；如果人们从山顶顺着沙子往下滑，那沙子就会发出一阵阵"轰隆"巨响，像打雷一样，不绝于耳。

据史书记载，天气晴朗的时候，鸣沙山上就会有丝竹管弦的声音，好像在演奏音乐一样。所以，人们称它是"沙岭晴鸣"，是敦煌的一大景观。

鸣沙为什么会发出声响呢？应该有三个条件：

第一，沙丘又高大又陡峭；

第二，背风向阳，背风坡沙面还必须是月牙形状的；

第三，沙丘底下一定要有水渗出，形成泉和潭或者有大的干河槽。

由于空气湿度、温度和风的速度经常在变化，所以不断影响着沙粒响声的频率和"共鸣箱"的结

构，再加上动力和沙子本身带有的频率的变化，鸣沙的响声也会经常变化。

人们有时候在下雨天去看鸣沙，发现鸣沙不会发出声响，这正是由于温度和湿度的改变，把鸣沙的"共鸣箱"结构破坏了。

延 伸 阅 读

位于宁夏回族自治区中卫市，以沙漠生态治理与旅游胜地闻名于世的沙坡头，其游览特色之一就是滑沙。游人从高约百米的坡顶往下滑，滑沙时座下会发出一种奇特的响声，被称之为"金沙鸣钟"。

沙漠坎儿井的用途

一提到沙漠，人们一定会想到干旱地裂、飞沙走石、酷热难当……

为了防止水分蒸发，我国干旱地区的人民早在2000多年前就采取了在地下开渠引水的措施，这就是坎儿井，也叫做阴渠。

坎儿井都是一直挖到山脚下，把高山上冰雪融化后渗到地下的水引过来。挖坎儿井时，先要在山脚下挖一口立井。当这口井打出水后，再按照引水的方向每隔18米挖一口立井。

这些立井是供挖暗沟

时出土和通风用的。立井挖好后，再向横的方向挖暗沟，把所有的立井连接起来。

暗沟是通水的渠道，是坎儿井的主要部分。

坎儿井挖好后，要用石板和树枝盖上井口，这样，既能减少水分的蒸发，又能防止风沙侵入。通过暗沟把水输送到地面的水池里，人们就可以随时使用了。

在我国的陕西、新疆等地方，这样的坎儿井有几千口。最大的坎儿井一天能浇1500亩农田。

我国最早的坎儿井在陕西大荔县，叫做龙首渠，是在2000多年前挖成的。

坎儿井的结构，大体上是由竖井、地下渠道、地面渠道和小型蓄水池四部分组成，吐鲁番盆地北部的博格达山和西部的喀拉乌成山，春夏时节有大量积雪和雨水流下山谷，潜入戈壁滩下。

人们利用山的坡度，巧妙地创造了坎儿井，引地下潜流灌溉农田。坎儿井并不因炎热、狂风而使水分大量蒸发，因而流量稳定，保证了自流灌溉。

坎儿井早在《史记》中便有记载，时称"井渠"。吐鲁番现存的坎儿井，多为清代以来陆续修建而成。如今，仍浇灌着大片绿洲良田。吐鲁番市郊五道林坎儿井、五星乡坎儿井，可供参观游览。

坎儿井的名称，维吾尔语称为"坎儿孜"，伊朗波斯语称为"坎纳孜"，俄语称为"坎亚力孜"。从语音上来看，彼此虽有

区分，但差别不大。

在我国新疆地区的汉语称为"坎儿井"或简称"坎"。其他各省叫法不一，如陕西省叫做"井渠"，山西省叫做"水巷"，甘肃省叫做"百眼串井"，也有的地方称它们为"地下渠道"。

延 伸 阅 读

坎儿井是荒漠地区的一种特殊灌溉系统，多见于我国新疆维吾尔自治区吐鲁番地区。坎儿井与万里长城、京杭大运河并称为我国古代三大工程。我国新疆共有坎儿井约1700多条，其中大多数坎儿井分布在吐鲁番和哈密盆地。

沙漠绿洲的形成

沙漠是干旱少雨的地方，到处是光秃秃的沙丘，偶尔下一场雨，很快就会蒸发或者渗入到沙土里，不留一点儿痕迹，不过沙漠里有些地方是水草丛生，一派生机勃勃的景象，这就是人们常说的绿洲。

这些绿洲又是怎样形成的呢？

高山上的冰雪到了夏天就会融化，顺着山坡流淌形成河流。河水流经沙漠，便渗入沙子里变成地下水。地下水沿着不透水的岩层流至沙漠低洼地带后，即涌出地面。

另外，远处的雨水渗入地下，也可与地下水汇合流到沙漠的低洼地带。或者由于地壳变动，造成不透水的岩层断裂，使地下水沿着裂缝流至低洼的沙漠地带冲出地面。这低洼地带有了水，各种生物就应运而生、发育、繁衍。

绿洲大多背靠高山，面临沙漠，因为这里有充足的水源。这些山大多高而积雪，夏季融化的雪水汇成条条河流，河流流经沙漠地带，在沙漠中渗入地下成为地下水，为绿洲的形成提供丰富的水源。

　　绿洲的水源充足、土壤肥沃，很适合庄稼和植物的生长。在世界最大的撒哈拉大沙漠中，也有一些风光奇特的绿洲。那里泉水汇成一条条清亮的小溪，灌溉着两岸肥沃的土地，高大的枣椰树把荒凉的沙漠装饰得一片翠绿。

　　现在地球上陆地面积只占3/10，这3/10还包括高山和沙漠，真正肥沃的平地其实是很少的。现在，全世界大约1/4的地方已经荒漠化，我国将近1/3的地方被沙漠侵占，情形十分严重。

　　沙漠面积为什么越来越大？地壳的变动是形成沙漠的一个重要原因。

　　有些湖泊中沉积了大量泥沙，地壳上升时，湖泊消失，露出来的是几百米厚的泥沙，于是新的沙漠出现了。

　　值得注意的是，有些沙漠是人类自己造成的。也就是说大片的森林被砍伐导致不能阻挡风沙，水土流失速度太快，使原来的好地变成了荒漠。

　　每年的6月16日是世界防止荒漠化日，只要全世界的人民共同努力，保护环境，同荒漠化作斗争，终究会取得成功的。

延　伸　阅　读

　　目前世界上的大部分沙漠都集中在赤道南北纬15度至35度之间。法国的一位考古学家率领一支探险队，在撒哈拉大沙漠中发现了近600平方米的岩壁画。壁画的内容表现了撒哈拉沙漠是如何由水草肥沃的牧场变为荒漠的。

死亡谷之谜

　　地球上存在着四大"死亡谷"，分别分布在俄罗斯、美国、意大利和印度尼西亚，它们的神秘与恐怖景象各不相同。"死亡谷"之谜，科学家们至今仍未解开。

　　在俄罗斯堪察加半岛克罗诺基山区的"死亡谷"，长约2000米，宽100米至300米。那里地势坑坑洼洼，不少地方天然硫黄露出地面，狗熊、狼獾等野兽的尸骨到处可见，令人毛骨悚然。据

统计，这个死亡谷已吞噬过30条人命。前苏联的科学家们曾对这个死亡谷进行过多次探险考察，但结论仍是众说纷纭。

有人认为，杀害人畜的祸首，是积聚在凹陷深坑中的硫化氢和二氧化碳。有人则认为，致死原因可能是烈性毒剂氢氰酸和它的衍生物。

在美国加利福尼亚州与内华达州相连的山中，也有一条特大的"死亡谷"。这个山谷长达225千米，宽度则从6000米至26千米不等，山谷两侧皆是峭壁，地势十分险恶。

1949年，有一支寻找金矿的队伍，因迷路误入谷中，结果绝大多数人都没有出来，即使逃出来的极少数人，没过几天后也相继死去了。

　　然而，这个人类的死亡谷，却是飞禽走兽的天堂。据初步统计，这座山谷中有200多种鸟类，19种蛇类，17种蜥蜴，还有1500多头野驴。它们居然在这里悠然逍遥好不自在。时至今日谁也弄不清楚这条峡谷为何对人类是如此地无情，而对动物却是如此地厚爱。

　　在意大利那不勒斯和瓦维尔诺湖附近也有一个"死亡谷"。这个死亡谷的情形正好和美国的死亡谷相反，它只杀害飞禽走兽，对人类则十分友善。

　　它本是一座各种野兽赖以生存的原始森林。但不知何故，每年在这座山谷中死亡的野兽多达37000多只。科学家和动物学家们多次深入该谷考察，都始终找不出具体的答案。

印尼爪哇岛上有个更为奇异的死亡谷，在谷中分布着6个庞大的山洞，每个洞对人和动物的生命都有很大威胁。如人或动物靠近洞口6米远，就会被一种神奇的吸引力吸入洞内，并葬身其中。因此，山洞里堆满了狮子、老虎、野猪、鹿以及人体的骸骨。

延 伸 阅 读

我国的死亡谷在四川省峨眉山中，又称黑竹沟。平时这里很少有人涉足。该死亡谷进口称"鬼门关"，连猎人都不敢进入，如进入必死无疑。至于到底是什么原因，目前仍是谜。

万烟谷的形成

1916年，科学考察队来到阿拉斯加的卡特迈火山，发现这座早在几年前已经停止喷发的火山，依旧是烟雾缭绕，热气腾腾，许多裂缝还在冒烟。

原来，卡特迈火山曾在1912年6月6日发生过大爆发，爆炸声远在几千米外都能听到。火山爆射出的火山灰，冲入大气层估计

达180亿立方米，把周围100多千米内的天空然染得一片漆黑，形成的黑夜持续了60个小时。

这一年，由于卡特迈火山的大爆发，使北温带受到的太阳辐射比往常年份减少约1/10。

科学考察队还发现了前所未见的奇观：在卡特迈火山西北10多千米处，那里原来有一条长16千米、宽8000米的林木葱郁的山谷。现在谷中都铺满了厚厚的火山灰砾，植物已全部枯死。

令人惊奇的是在这片面积约145平方千米的灰砾场上，有着成千上万个喷气孔。大量的炽热气体从地下喷出来形成气柱，有的直达300米的高空，在山谷上空形成巨大的蒸气云。

许许多多气柱在阳光照耀下，映现出一条条色彩缤纷的彩虹，既壮丽又宏伟。人们称誉它为"天下第一奇观"、"万烟之谷"。

在卡特迈火山爆发前几个小时，从山谷上部的一些裂缝中，喷出了大量的烟灰和火山物质，估计当天从地表裂缝中喷出的火山灰砾达110亿立方米。

　　它们在高压气流的推动下，快速地向山谷下方推进。一路上把树木全部冲倒，炽热的火山灰又把树木全部掩埋，并迅速碳化。整个山谷被覆盖上一层厚达200米的火山灰。同时，无数气柱从地下喷出，在山谷上空密集。

　　这次火山爆发，巨大的山顶被削平，火山口炸成一个深坑，积水成了湖泊。离它90千米的科迪亚克岛上落了两个昼夜的火山灰，地面被覆盖得厚厚的。从此，牛羊没有草吃，连山上的熊也不得不下山来捕食家畜。

　　爆炸后产生许多狭长的裂缝，火山灰没有能覆盖住。一股股热气流从地下不断渗出来，主要是水蒸气和其他气体。水蒸气遇冷凝结成大片云雾，弥漫在山谷中，形成了罕见的万烟谷。

延 伸 阅 读

　　万烟谷是世界上闻名的地热集中地，在24平方千米的范围内，有数万个天然蒸气和热水的喷孔，喷出的热水和蒸气最低温度为97℃，高温蒸气达645℃，每年从地球内部带往地面的热能相当于600万吨标准煤。

雄伟的喜马拉雅山

喜马拉雅山脉是世界上最雄伟的山脉。这里是一个冰雪的世界，除了巨大的冰川外，还有千姿百态的冰塔、冰柱、冰墙、冰洞、冰蘑菇等。在冰雪线下面，还有湖泊、瀑布、草原、森林、奇岩和深谷……

喜马拉雅山脉可以分为4条平行的纵向的不同宽度的山带，每条山带都具鲜明的地形特征和自己的地质史。它们从南至北被命名为外或亚喜马拉雅山脉；小或低喜马拉雅山脉；大或高喜马拉雅山脉以及特提斯或西藏喜马拉雅山脉。

几千万年前甚至上亿年前的时候，在喜马拉雅山的位置，那时是一片汪洋大海，地质学家把它叫做喜马拉雅古海。

在这里发掘到大量的恐龙化石、三趾马化石以及许多古海洋动植物化石，这些化石都埋藏在层层叠叠的页岩和石灰岩层里。

后来，海洋两个邻近大陆逐渐向一起挤，它们之间的海变得越来越窄，到了3000多万年前的时候，这两块大陆连到一起了。之后地壳还继续运动，在两块大陆相接的地方挤出了一个喜马拉雅山来。

最初的时候，它只不过是一个小山包，以后越"长"越高，现在喜马拉雅山的最高峰，即珠穆朗玛峰已经高达8844米了。

喜马拉雅山西起帕米尔高原的南迦帕尔巴特峰，东至雅鲁藏布江急转弯处的南迦巴瓦峰，全长约2500千米，宽200千米至300千米，主峰珠穆朗玛海拔高度8844.43米。

这些山峰终年为冰雪覆盖，藏语喜马拉雅即冰雪之乡的意思。珠穆朗玛是藏语女神第三的意思。她银装素裹，亭亭玉立于地球之巅，俯视人间，保护着善良的人们。珠穆朗玛峰时而出现在湛蓝的天空中，时而隐藏在雪白的祥云里，更显出她那圣洁、端庄、美丽和神秘的形象。

作为地球最高峰的珠穆朗玛峰，对于中外登山队员来说，是极具吸引力的攀登目标。

　　直至距今5000万年前的第三纪始新世时期，由于印度板块与亚欧板块冲撞，使古地中海东部的海底发生强烈的挤压，导致了喜马拉雅山从海洋中升起。

　　有世界屋脊之称的青藏高原，以及拥有世界最高峰珠穆朗玛峰的喜马拉雅山地区，早在距今1.5亿年前的三叠纪，还是烟波浩渺的古地中海的一部分。

延 伸 阅 读

　　喜马拉雅山在第四纪的300万年中约上升了3000米，平均10000年上升10米；而最近10000年里，它却上升了500米，即每年上升了0.05米。

火山出现的时间

　　火山出现的历史很悠久。有些火山在人类有史以前就喷发过，但现在已不再活动，这样的火山称为"死火山"；不过也有的"死火山"随着地壳的变动会突然喷发，人们称之为"休眠火山"；人类有史以来，时有喷发的火山，称为"活火山"。

　　火山活动能喷出多种物质，在喷出的固体物质中，有被爆破碎了的岩块、碎屑和火山灰等；在喷出的液体物质中，有熔岩流、水、各种水溶液以及碎屑物和火山灰混合物等；在喷出的气

体物质中，一般有水蒸气和碳、氮、硫等气体。除此之外，火山在活动中，还常喷射出可见或不可见的光、电、磁、声和放射性物质等，这些物质能置人于死地，或使仪表等失灵，使飞机、轮船等失事。

火山喷发的强弱与熔岩性质有关，喷发时间也有长有短，短的几小时，长的可达上千年。地壳之下100千米至150千米处，有一个"液态区"，区内存在着高温、高压下含气体挥发成分的熔融状硅酸盐物质，即岩浆。它一旦从地壳薄弱的地段冲出地表，就形成了火山。从古至今，在地球上已知的"死火山"约有2000座；已发现的"活火山"共有520多座，其中陆地上有450多座，海底火山有60多座。

火山在地球上分布是不均匀的，它们都出现在地壳中的断裂带。就世界范围而言，火山主要集中在环太平洋一带和印度尼西亚向北经缅甸、喜马拉雅山脉、中亚细亚到地中海一带，现今地球上的活火山多数分布都在这两个带上。

延 伸 阅 读

古罗马时期，人们看见火山喷发的现象，便把这种山在燃烧的原因归之为火神武尔卡发怒，于是意大利南部地中海利帕里群岛中的武尔卡诺火山便由此而得名。火山是炽热地心的窗口，是地球上最具爆发性的力量。

斯特龙博利火山

　　意大利西西里岛北部的利帕里群岛中，有一个圆锥形的小岛。岛上有一座斯特龙博利火山，海拔920多米，火山口直径约580多米。

　　数百年来，它每隔两三分钟就响起一阵"轰隆"声，随即喷发出巨大的烟柱、蒸气和碎屑，升到数百米的天空。接着，烟柱

在天空中弥漫开来，烟和灰尘逐渐消失。

这个小岛为什么是圆锥形的呢？这里原来是深达200米的海底，这个小岛是由于火山的不断活动升起来的，所以呈圆锥形。

火山爆发时喷出的烟柱，在黑夜里被沸腾的熔岩的深红色回光映得通红，一明一暗，即使在离火山100多千米的海上都能见到。

于是，它就成了过往船只明辨方向的标志，被人们誉为"地中海的天然灯塔"。

为什么这座火山会定时爆发呢？

原来，这里的熔岩不太黏稠，喷出的气体很容易在熔岩中形成气泡。气泡越变越大，到时就会爆裂，发出强烈的"嘶嘶"声。

熔岩夹带着水气、烟灰，升上高空。最后，一部分掉落到海里，一部分仍旧落回到火山口里。熔岩没能把火山口堵塞住，留下一些小的喷气孔。

过一会儿，火山内部的气体又不断地在熔岩中膨胀，再次喷发出巨大的烟柱。就这样，火山周而复始地喷射，成为指引船队的天然灯塔。这是世界上最著名的火山奇观之一。

对于火山，人们爱恨交加。火山爆发时会释放出上万颗原子弹的能量，让人们望而生畏；但火山不论是静止还是爆发时又都是那样地美丽和壮观。

新西兰北岛中南部间有一座间歇火山，海拔2790多米，是北岛最高峰。为圆锥形成层火山，顶部有直径1500米的暂熄火口湖。

此火山1945年的一次喷发持续了近一年，最近的一次喷发是1975年。附近多温泉、间歇泉，有著名的陶波湖，风景优美，建有汤加里罗国家公园，为冬季疗养和旅游胜地。

延 伸 阅 读

　　冒纳罗亚火山位于夏威夷群岛的中部，海拔4170米，从海底算起高约9300余米。其山顶常有白云缭绕，忽隐忽现。岛北冒纳开亚山海拔4205米，是夏威夷的最高峰。世界最高的天文台，就设在此山的顶峰。

火山不一定都喷岩浆

　　拉丁美洲的巴巴多斯岛东部海5000米深处有一座泥火山，火山口呈椭圆形，宽大约1000米。离火山口中部约20米处，可以看到正在翻滚着的泥浆，整个火山口由一层密密麻麻黄色的细菌覆盖着。在取出来的标本中，还夹杂着一些像蛤蜊、甲鱼、海葵等无脊椎动物。

　　泥火山是泥浆与气体同时喷出地面后堆积而成的。其外形多为锥状小丘或者是盆穴状，丘的尖端部常有凹陷，并由此间断地喷出泥浆与气体。

　　泥火山，顾名思义是由泥构成的火山。说是泥，是因为它是由黏土、岩屑、盐粉等泥土构成；说是火山，却又不是通常意义上的火山，通常所说的火山最基本的特征是由岩浆形成的，并具有岩浆通道，而泥火山则是由泥浆形成的，不具有岩浆通道。不过，泥火山不仅形状像火山，具有喷出口，还有喷发冒火现象。

　　在我国，除了新疆维吾尔自治区，目前仅在台湾的高雄和恒春一带发现有活动的泥火山，那里的泥火山不仅有典型的地貌形态，还有喷火的自然景观。

世界上其他地方的泥火山也不多见，比较著名的泥火山有伊朗的马克兰、罗马尼亚的布扎，最大的泥火山分布在阿塞拜疆的巴库，美国的黄石公园更是以泥火山闻名天下。

2007年4月14日，在印度尼西亚东爪哇岛地区，大量房屋被"泥火山"喷出的泥浆所淹。泥火山易受侵蚀，而喷出物不断重建自己的锥体。

有些泥火山的形成与温泉有关，温泉的大量气体和少量的水与周围岩石发生化学反应形成沸腾的泥浆。这种泥浆有两个变种：粥锅和颜料锅，前者是泥浆侵蚀周围岩块沸腾的泥浆盆地，后者是由围岩的矿物染成黄色、绿色或蓝色而沸腾的泥浆盆地。

另一些完全非岩浆成因的泥火山，只出现于年代较新而又具有未固结的松软岩层的油田地区。

在压应力作用下，甲烷和其他碳氢化合物气体与泥浆混合，向上冲出地表形成锥形的泥火山。由于高压和混合物来自地下深处，泥浆通常很热并可能伴有蒸气云。

延 伸 阅 读

意大利西西里岛的埃特纳火山，是一座喷金的火山。法国科学家曾前往那里考察，探查出这座火山每天约喷出2000克左右的金子和9000克左右的银子，但至今还无法收集。

火红的火焰山

新疆维吾尔自治区火焰山是吐鲁番最有名的景点，位于吐鲁番盆地的北缘，古丝绸之路北道。火焰山以红色的花岗岩反射阳光而闻名遐迩，这座火焰山又称"红山"。

　　火焰山荒山秃岭，寸草不生，飞鸟匿踪。每当盛夏，红日当空，赤褐色的山体在烈日照射下，砂岩灼灼闪光，炽热的气流翻滚上升，就像熊熊烈焰，火舌燎天，故名火焰山。

　　火焰山是我国最热的地方，夏季最高气温高达47.8摄氏度，地表最高温度高达70摄氏度以上，沙窝里可烤熟鸡蛋。

　　由于地壳运动断裂与河水切割，山腹中留下许多沟谷，主要有桃儿沟、木头沟、吐峪沟、连木沁沟、苏伯沟等。而这些沟谷中却绿阴蔽日，风景秀丽，流水潺潺，瓜果飘香。

　　火焰山全部是由红色的砂岩和页岩组成。这些砂岩和页岩，是距今2.1亿年至7000万年的地质时期堆积而成的。那时期，气候异常炎热，堆积的沙石泥土经过高温氧化，大雨淋溶，形成了大量红色的氧化铁。

这些堆积物在喜马拉雅造山运动时，褶曲隆起，把石化了的岩石抬升成山，突然崛起在沉凹的盆地之中，构成了火焰山山体的火红底色。当然了，火焰山的火红还有自然环境作为衬托。

吐鲁番盆地高温火热，焚风盛行，是我国西部"火炉"之一，元代就有人称吐鲁番为火洲。这里的岩石风化，风蚀强烈，山石造型奇特，重峦叠嶂，悬崖峭壁。这里山上寸草不生，沟壑滴水不流，山麓砂砾成堆。

在一望无际的灰白色戈壁沙滩的映衬下，火焰山红色山体分外醒目。盛夏时节，晴空万里，气温特高。灼人的阳光照射在火焰山的红色岩石上，红光闪耀，云烟缭绕，好似熊熊烈焰。

当人们远眺这赤峰秃岭，好似火焰喷燃，又似火云蒸腾。人们也会把这红色的山，看作是喷射着火舌的火焰山。

当然，火焰山并不能喷火，喷火是人们在特定的环境条件下的一种幻觉。

延 伸 阅 读

赤峰火焰山位于内蒙古自治区赤峰市东北2000米处，海拔仅650米，但方圆却有6.67平方千米，规模宏大。火焰山以红色的花岗岩反射阳光而闻名遐迩。这座火焰山又被人称为"红山"。

火山口竟有湖泊

火山口，顾名思义，就是火山喷发时的出口。它通常位于火山的顶端，是一个圆圆的洼地，它在希腊文中的意思就是"碗"，不过用漏斗来形容它也许更合适一些。这个"漏斗"有一个长长的通道和地下的岩浆相连，当火山喷发的时候，岩浆便从这里冲出来。火山口并不是一开始就是今天这个样子的。比如

墨西哥帕里库丁火山刚刚开始活动时，人们亲眼看到地下只有几厘米宽的裂缝在冒烟，当时那里是一片平坦的庄稼地。仅仅过了3个小时，裂缝就加宽到了9米，喷发也变得猛烈起来了。以后，喷出的碎屑物质和熔岩不断在喷火口的周围堆积起来，越堆越高，才成为锥形的山峰，高达几百米的高度，而火山口也高高地位于山的顶端了。

火山并非是经常活动的，它所能堆积的高度也是有限的。在它暂时停止活动以后，火山口还会因雨水冲刷等作用而被破坏。地下的岩浆如果冷凝，体积会发生收缩，更会使上面的岩层因下面空虚而产生裂缝，火山口四周沿裂缝塌陷，扩展得很大。

有的火山在再一次喷发时，因为地下的岩浆黏滞，在能量蓄

积得很大时才以爆炸的形式冲出来，这时往往会把原来的火山锥炸掉一大块，甚至全部炸掉，仅在平地上留下一个大坑，许多时候就在这坑中或坑的边缘再次喷发，形成新的火山锥和火山口。

位于平地上的火山口也并不全由再一次爆发造成，有些火山开始喷发不久后就会停止活动，因而没能堆成锥形的山。火山口看起来不过是平地上的坑，时间一长，常常积水成湖，不仅位于平地的火山口可以积水成湖，而且位于山顶的火山口也能积水成湖。我国长白山主峰白头山上的天池，就是这种湖中的一个，它是靠天上降下来的雨雪维持湖中有水。还有些火山口湖中有从岩浆中分离出来的水，含矿物质多，因此可以呈现多种颜色。印度尼西亚的佛罗里斯岛克里莫托火山顶上，有3个水色不同的湖，就

是这个原因，它们都是火山的喷出口，现在虽然火山没有爆发，但其中两个湖底下的喷气孔还在喷出火山气体，一个喷出的物质中含硫较多，使湖水呈现绿色；一个含铁多，湖水便成了红褐色；另一个是清水，表现为蓝色。

延　伸　阅　读

　　1993年，一批考察哥伦比亚火山的科学家登上加勒拉斯火山，并下到火山口侧边采集样品和观察，这座已休眠3年多的火山突然喷起一股烟柱，有6位科学家当场死亡，8人受伤，此次考察成为了火山考察史上遇难人数最多的一次。

世界上神秘的洞

大千世界，无奇不有。大自然留给我们许许多多神秘的现象，这些现象中包括一些形形色色、十分有趣的洞。

我国著名自然保护区神农架主峰北麓屏障天门垭，被称为"华中之脊"。就在它的旁侧海拔约2200米的地方，有一个神奇

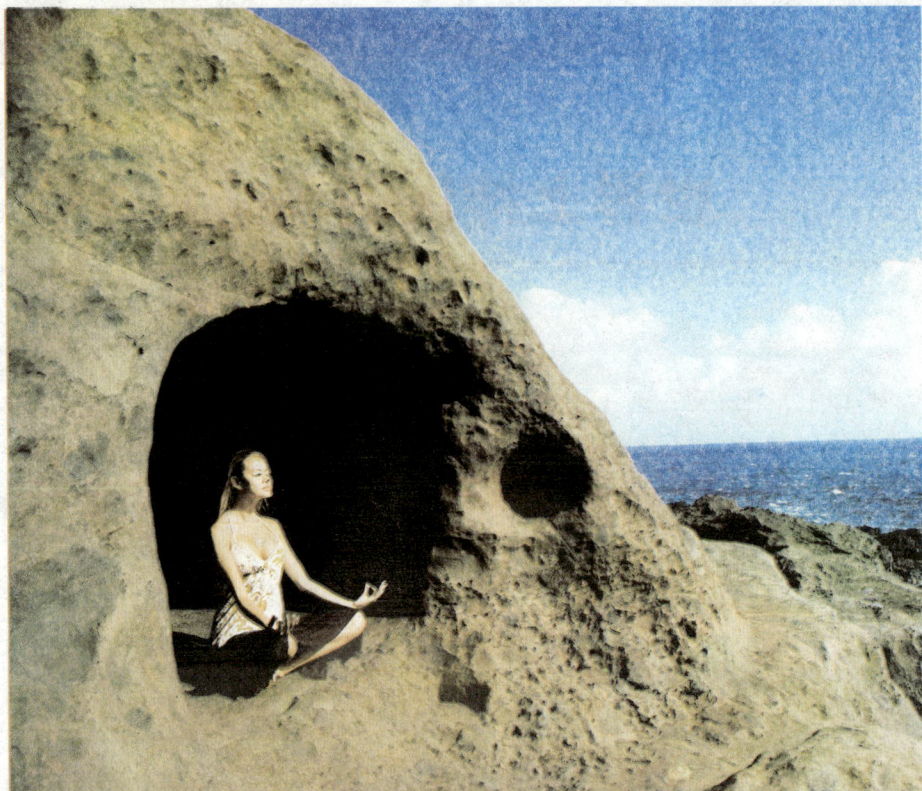

的洞。因为每天有成千上万只燕子在洞里穿梭飞行，所以又叫它"燕子洞"。燕子洞高达20米左右，深度无法计算。

据说，到目前为止，还没有一个人走到洞的尽头，因为洞内十分潮湿和寒冷。即使在炎热的夏天，洞内也是冷风飕飕，进洞50米就一片漆黑。然而，那些燕子却照样飞来飞去。

我国湖南省辰溪县仙人湾扎头山村海拔700多米的山腰上，有一个狭长的小石洞，这里清泉长年不断。每天早8时、中午12时、下午18时左右各有一次洞水涌出，站在洞口隐约可听见洞内涛声。

不过这里有一种十分奇怪的现象，如果涌出来的水浑浊，在两天内，周围地区必有大雨，所以当地人都称它为"测天洞"。

在湖南省石门县九渡河乡，那里有一个奇妙的岩洞，当地人称之为"风洞"。风洞洞口约1平方米见方，洞内不断喷出的气流与外界空气相遇，凝结成白雾常年在洞口缭绕，并延至很远。远远望去，公路似突然中断，令许多第一次来此地的人望而却步。更为有趣的是，如果人站在洞口，浑身上下感觉截然不同，在盛夏时节，上身热风烤人，挥汗如雨，而下半身却凉风飕飕，暑意顿消；隆冬时节，上面风雪交加，冰寒刺骨，下面则暖气融融，春意浓浓。

印度尼西亚比路岛上有一个能健身治病的洞穴，关节疼痛或神经衰弱者只要在这里居住上十天半月的，疾病便不治自愈。

秘鲁普诺省贝利斯塔村，有一个会奏乐唱歌的洞穴。清晨，

在洞穴内发生阵阵悦耳动听的风琴声；中午，洞内敲锣打鼓，热闹异常；傍晚，笛声悠扬，时高时低。如果阴雨连绵，洞穴就会"表演"女声独唱，声音动听悦耳。每天都有不少游人来这里欣赏奇妙的洞穴音乐。

延 伸 阅 读

墨西哥"燕子洞"位于墨西哥中部，深度达约366米，足以吞噬帝国大厦。这个洞穴外形呈锥状，上窄下宽，是20世纪60年代被人们发现的。世界上常有一些疯狂的定点跳伞爱好者纵身跳入燕子洞。

能呼吸的奇风洞

奇风洞位于我国云南省昆明石林西北5000米处。在北大村与水塘铺交界点，马鞍山东侧的一片石林奇峰间在石峰下的庄稼地里，有一直径一米宽的小洞。这个毫不起眼的小洞，就是奇风洞。

　　奇风洞因会像人一样呼吸而引人注目，故也称为"会呼吸的洞"。每年雨季，大地吸收了大量的雨水，干涸的小河再次响起淙淙的流水声时，奇风洞也开始吹风吸风，发出"呼——扑"、"呼——扑"的喘息声，像一头疲倦的老牛在喘粗气。要是有人故意用泥巴封住洞口，它也毫不费力地把泥巴吹开，照样自由自在地呼吸。

　　奇风洞吹风时，宁静的大地会突然间尘土飞扬，并伴有"隆隆"的流水之声，似乎洞中随时都可能涌出洪水巨流。定眼窥视，却不见一滴水。风大时使人有置身于狂风之中，暴雨即将来临之感。有人就地扯些干草柴枝，放在洞前点燃，只见洞中吹出的风，把火苗浓烟吹得漫天而飞，足有两三米高。持续两分钟后火势渐弱。暂停了10多分钟后，火苗浓烟突然吸进洞。这样一吹一吸，像魔术师玩七窍喷火戏。

虹吸泉位于奇风洞景区最低点，它又是自然的另一奇观。清澈透明的地下河水，从洞口汩汩而出后，注入了一个落水洞。随着河水流淌，洞中的水位也逐渐上升，约升高到一米至两米时，水位突然下降，并伴有雷鸣般的排水声。三四分钟后一切恢复原状，接着水位又逐渐上升……每二三十分钟重复一次。奇风洞为什么会有这种现象呢？原来，奇风洞所在地区为一种石灰岩岩溶地貌。在奇风洞之东约100米处，有一条山沟，沟内有一个石灰岩受溶蚀形成的落水井。一股清泉从上游流入井中，并从井底的裂隙流入地下暗河。当泉水的水量充沛时，因井底裂隙的排水能力有限，水井中的水便逐渐上涨。由于此落水井的井壁上有裂隙，而且向上拱曲之后再缓缓落入地下暗河，奇风洞的洞隙向下倾斜与此裂隙相通。因此，当落水井的泉水上

升到一定程度，水位达到裂隙的拱曲最高点时，便产生虹吸现象。

与此同时，急速的水流发出了"隆隆"的响声；蓄积在弯道中的空气受到流水推压，从奇风洞喷出。当落水井的水因被大量抽走而急剧下降至井壁裂缝时，空气便重新进入弯道产生回风。

延 伸 阅 读

奇风洞位于石林奇峰间，石峰造型迥异，各具特色，有的像撒尼人火把节时点燃的火把；有的像冰清玉洁的雪莲；有的像形象可爱的蘑菇。奇风洞旁还有一巨石突兀独立，像一护卫奇风洞的卫士。

深山里的五彩湖

在四川省西北部的岷山绵亘千里的雪山和森林之间，镶嵌着许多秀丽的明珠。有的湖泊，湖水泛映出红、橙、黄、绿、蓝等五种色彩，十分绚丽，仿佛童话世界。这就是五彩湖。

　　岷山北坡南坪的九寨沟，两边雪山和原始森林夹峙着，那雪水汇成的清溪，顺着台阶般的沟层流泻，时而奔腾飞溅，时而汩汩流淌，把九寨沟108处断崖洼地连成了一长串彩色明珠和一道道瀑布。

　　108个湖泊有大有小，最大的长7000米，宽300米。湖水都很清澈，雪峰和翠林的倒影交相掩映。大小游鱼，历历可数。两岸树林下，奇花异草繁茂，殷红的山槐，姹紫的山杏，微黄的椴叶，深橙的黄栌，把湖面辉映得五彩缤纷。

　　为什么湖泊会多彩而变色呢？原来，阳光透过林梢洒向湖面，湖水明澈如镜，倒映出林梢的绚丽色彩。加上湖底的石灰岩层次高低不同，有深有浅，本身颜色有别，再加上水里的水藻反射上来，就形成了极为丰富的色彩。岷山南坡松潘黄龙寺风景区的五彩湖，就更奇特了。从山腰到山麓，有一条长7000米多的岩沟。溪水沿着山坡蜿蜒而下，在阳光映照下，仿佛一条金黄色的彩带在漂动，两端都有成串明珠般的五彩湖。

五彩湖中的湖床是乳色和米黄色的石灰岩，宛如精美玲珑的玉石雕刻。它们形状千姿百态，有的像葫芦，有的像壶、盆，有的像钟、鼎，有的像莲瓣、菱角。

水色五彩纷呈，滢红、漾绿、泼墨、鹅黄，艳丽如锦。人们用手捧水，湖水又变得无色而透明了。

水里有多种矿物质使得水表面张力大，把铝币投进湖水，它会几经浮旋久久不沉。

印度尼西亚努沙登加拉群岛中的一个小岛佛罗勒所，也有个

类似的五彩湖。它位于克利托摩地方附近，湖泊被重叠的群山所包围。湖水的一边泛映着鲜红血液似的色泽，中间的湖水相衬出深绿色，而另一边湖水又是另一种草绿的色泽，十分迷人。

延 伸 阅 读

伊犁历史上是古丝路北道要冲，今天是向西开放的门户，素有塞外江南、瓜果之乡的美称。这里有着著名的巩乃斯草原、唐布拉草原，有青铜时代的乌孙土墩墓葬群、西辽西域名城阿力马力遗址、唐代弓月城遗址。

山洞里有冷也有热

　　我们知道，在石灰岩地区的山洞里，那深邃的洞身，曲折的走廊是那么的奥妙，轰鸣的瀑布又是那么的惊心动魄。矗立在洞内的石笋和一串串倒挂着的钟乳石和奇丽多姿的五彩云，构成了一幅幅美丽的图画，吸引着无数的游客。

　　更有趣的是，这些山洞有的寒气袭人，有的却温暖异常，在同一个时间里进去，仿佛是过了两个季节。善卷洞是著名石灰岩

溶奇洞，是兴"三奇"之首。全洞由上、中、下、后四洞组成，洞洞奇异而相通，最奇的是下洞和水洞。水洞长120米，游人多以洞中泛舟为一乐事。进入洞中，宛如进入一座地下宫殿。入口在中洞。中洞的狮象广场是一个面积达1000平方米的天然大石厅，高达7米的钟乳石笋兀立洞口，名"砥柱峰"。

善卷洞有上洞、中洞和下洞之分。当从中洞进去，登级至上洞，使人感到温暖如春；若逐级而下进入下洞，又会感到寒气逼人。善卷洞除了有这种冷暖不同的特点外，在上洞还常常可以看到雾气弥漫的"云雾"。这种云雾就是洞外的冷空气和积存在洞内上部的热空气相遇而形成的奇妙景色。

双龙洞和冰壶洞位于浙江省金华市北山，双龙洞距金华市区约8000米，坐落在海拔350米至450多米的北山南坡，除底层的双龙洞之外，还有中层的冰壶洞和最高的朝真洞。

冰壶洞，洞深120米左右，洞口朝天，垂直而下，深奥莫测。为一倾斜而下的竖井状的落水洞，洞底坡度约为40度，斜长约140米，垂深约70米。从洞底登至洞口有石阶260余级。

金华的双龙洞和冰壶洞里，气温也有显著差别，洞口朝下的双龙洞里温暖宜人，洞口向上的冰壶洞却是凉爽异常。

那么，为什么这些山洞有冷又有热呢？原因就是冷、暖空气比重不同的缘故。冷空气较重而下沉，暖空气较轻而上升。

洞口向下的山洞里，较轻的暖空气充塞其中不能流出，因而

格外显得温暖，这样的山洞，人们习惯称为"暖洞"；洞口朝上的山洞里，冷空气钻入洞内，越积越多，好像是天然的冷空气库，这样的山洞，人们习惯称为"冷洞"。

延 伸 阅 读

　　冰壶洞以"一瀑垂空下，洞中冰雪飞"的洞中瀑布闻名于世。因洞口朝天，口小、肚大、身长，形似冰壶而得名。冰壶洞底裂隙中还发育有"仙牛角"、"观音弄"等支洞。洞中不仅银瀑飞泻，而且钟乳石千姿百态。

岩石的形成

　　我们都知道，不仅大山是由岩石组成的，而且小河边、山脚下、公路旁，随处可见各种各样的岩石碎块，就连地壳都是地球岩石圈的一部分。

　　那么，岩石是怎么形成的呢？组成地壳的岩石都是在一定的

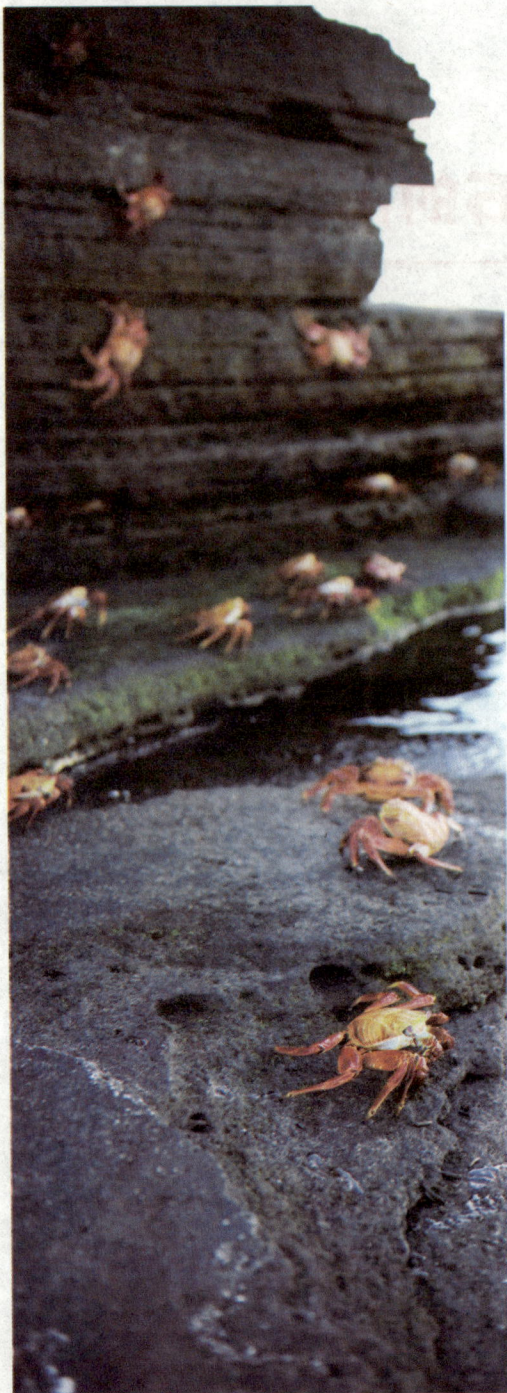

地质作用条件下形成和存在的，它们在不断地运动、变化和发展。科学家根据岩石的不同形成过程，把岩石分为火成岩、沉积岩和变质岩三种。

火成岩是由火山喷发出来的岩浆直接变冷凝固形成的；沉积岩是由泥沙沉积而成，或是石灰质等物质沉淀而成的；变质岩则是由火成岩或沉积岩经过变质作用而形成的。更神奇的是，各类岩石还能在不同的条件下相互转变呢！

火成岩是由地壳内部上升的岩浆侵入地壳或喷出地表冷凝而成的，又称岩浆岩。岩浆主要来源于地幔上部的软流层，那里温度高达1300摄氏度，压力约数千个大气压，使岩浆具有极大的活动性和能量，按其活动又分为喷出岩和侵入岩。未达到地表的岩浆冷凝而成的岩石叫侵入岩。深成侵入岩颗粒较粗，浅成侵入岩颗粒细小或大小不均。喷出岩在岩浆喷出地表的条件下形成，温度低，冷却快，常成玻璃质、半晶质或隐晶质结构等。

岩浆岩常见的有在地壳中分布很广的中粗粒结构的侵入岩，即花岗岩，气孔构造复杂、黑色致密的玄武岩，流纹构造显著的酸性喷出岩，即流纹岩等。

沉积岩是地面即成岩石在外力作用下，经过风化、搬运、沉积固结等沉积而成，其主要特征是：层理构造显著；沉积岩中常含古代生物遗迹，经石化作用即成化石；有的具有干裂、孔隙、结核等。

变质岩是岩浆岩或沉积岩在变质作用下形成的一类新岩石。变质岩和前两类岩石的主要区别是变质岩属重结晶的岩石，颗粒

较粗，不含玻璃质和有机质的残体。其主要特征是：有的具有片理构造如片岩；有的呈片麻构造，岩石断面上能看到各种矿物成带状或条状等，如花岗片麻岩；有的呈板状构造，颗粒极小，肉眼难辨，如板岩。

延 伸 阅 读

　　常见的变质岩有由方解石或白云石重新经过结晶而成的大理岩，由页岩和黏土经过变质而形成原解理状的板岩，由片状、柱状岩石组成的片岩，多由沉积岩和岩浆岩变质而成的片麻岩，由砂岩变质而成的石英岩等。

死亡谷的走石

　　美国加州的死亡谷是全美国海拔最低、最热、最干燥的地方。然而它的名胜区却是个异常奇特的地方：山上长满松树和野花，山顶白雪皑皑，山下沙漠一望无际，其中有盐碱地和不断移动的沙丘。

　　在死亡谷众多自然奇观中，最吸引人的要算是"会走路的石头"。这些石头分散在龟裂的干盐湖地面上，干盐湖长达48000米，被称为跑道。石头大小不一，外观平凡，奇怪的是每一块都可以在干盐湖地面上自行移

动，并在地面上留下长长的凹痕。有的笔直，有的略有弯曲或呈之字形，长的可达数百米。

死亡谷约在300万年前形成，起因乃是由于地球重力将地壳压碎成巨大的岩块而致。当时部分岩块突起成山，部分岩块倾斜成谷。直至冰河时代，排山倒海的海水灌入较低地势，淹没整个盆底，又经过几百万年火焰般日头的蒸熬酷晒，这个太古世纪遗留下来的大盐湖，终于干涸，最后成为现在看到的一层层覆盖泥浆与岩盐层的堆积体。

通过印第安人在此所遗留的文化残骸，关于死亡谷的历史可追溯至9000年前。但死亡谷之恶名，从160年前才被宣扬开来。1849年冬，一批前往金山的淘金队伍，抄快捷方式横越该谷，因不敌此地恶劣的气候，导致无垠的黄沙中平添白骨数堆。

石头为什么会走路？加州理工学院的地质学教授夏普用整整7年时间进行了研究，自信已经找出其中奥妙。他选了30块形状各异、大小不一的石头，逐一取了名字，贴上标签，并在原来的位置旁边打下金属桩作为记号，看看这些石头会不会移动。除了两块外，其余的都改变了位置。不到一年时间，有一块已移动多次，共走了258米，另一块9盎司重的石头，则创造了一次行程最远的纪录：207米。夏普研究了石头的足迹，并查核当时的天气情况，发现石头移动与风雨有关，移动方向与刮风方向一致。这是有力的证据。

干盐湖每年平均雨量不超过6毫米，但是即使是微量雨水也会形成潮湿的薄膜，使坚硬的黏土变得滑溜。这时，只要附近山间吹

来一阵强风，就足以使石头沿着泥面滑动。石头能走路的谜底就此揭开，但这种奇景却令人产生一种神秘的感觉，因此到这儿来旅游的人接连不断。

延 伸 阅 读

前苏联普列谢耶湖东北处，有一块能够自行移动位置的石头。17世纪初，人们在阿列克赛山脚下发现了这块会"走路"的巨石，后来人们把它移入附近一个挖好的大坑中。数十年后，蓝色怪石不知何故却移到了大坑边上。

能发出声音的响石

　　在我国重庆市巴南区丰盛镇有一块坡度不大而且很平常的山地，叫紫云。平时和普通的山地没有两样，但每到雨天或者起风的日子，紫云地就会显现出别样的风情，那里的石头就会传来各种奇妙的声音：有时像鸟叫，有时像鹰鸣，有时像女高音……

　　响石和普通石头混杂在一起，小的如蚕豆，大的如油橙，外观颜色上并没有区别。据说这里曾发现重达10多千克的响石，要

双手合抱才能摇动发声。

会唱歌的石头被当地人分为两种：一种是石头体内含有颗粒的，当地人称为石响石；一种是石头体内含有液体的，则被称为水响石。会唱歌的石头在这里虽然遍地都是，但石响石很容易发现，水响石却很罕见。

那么这种石头是怎样形成的呢？重庆市巴南区丰盛镇地底属于喀斯特地形，我国洞穴探险协会曾在丰盛镇地下发现过成片的石林。这里地下河系统密布，天坑、漏斗、溶洞成群，构成一个神秘的地下世界。

石灰岩中含的碳酸钙遇水易溶，使得岩石内部体积缩小，出现空腔的可能性增大，这正是形成响石的必要条件。

　　长期频繁的水脉升降，让石灰岩中的碳酸钙消失、出现的过程加速，使岩石内部体积变小的过程更加频繁，这也是形成大面积响石带的原因。

　　为什么会发出声音呢？响石的形成机理其实很简单：含菱铁质的泥质岩层里，分布着一些土质结核。当结核因某种情况露出地表后，菱铁质逐渐渗出外溢，并在结核外层形成褐铁矿壳，内部泥质因失水而体积缩小，并在泥质体与外壳之间形成空心，所以能在敲击时发出声响。

　　刮大风的时候，有的响石表面长期因风化作用产生裂缝，而空气在这些裂缝中急速通过，就会发生调高而急促的声音。

　　响石内部因为含有颗粒，所以敲打时发出的声音清脆；而水响石含有液体，声音略显浑厚。雨夜里，响石被雨滴敲打，发出"锵锵"的声响，似悲凉秦腔；若节奏快了，则凄厉哀伤，如蒙冤窦娥的呐喊。

延　伸　阅　读

　　石头被雨滴敲打的时候，会因为雨点落下的不同速度产生不同的效果。雨缓的时候，声音相对平和悠远；雨急的时候，则声音出现频率加快，音波叠加的效果。

正在下沉的城市

世界上许多城市，如我国的上海、北京、天津，国外的墨西哥城、大阪、东京等地地面正在下沉，其速度之快令人难以置信。有资料表明，我国的上海，从1921年至现在地面一直在下沉，严重的地区下沉了两米多。

这绝不是危言耸听，而是目前人类所面临的生存环境问题，值得警惕和研究，更值得人们去认真对待。为什么这些城市的地

面会不停地下沉呢？造成这种现象发生的原因不是地壳的运动，而是人为因素。其中，过度抽取地下水是造成城市地面下沉的直接原因。

地下水是人类赖以生存的宝贵资源，它调节雨季和旱季水资源的供应。因而，适度开发和利用地下水资源对改善人民生活水平，促进经济发展和繁荣起着积极的作用。

另外，地下水还起着平衡地面的作用。正是由于地下水的存在，地面上的自然压力作用于地壳，遇到岩层空隙中的地下水，就会产生反作用力作用于地面，从而保持了地面的平衡。不断地抽取地下水后，岩层空隙中的水流失了，所以当地面受压力后就会发生下沉现象。

地面下沉，造成地下管道扭曲、断折，道路不平，码头淹没，海水倒灌，建筑物因不均匀下沉产生裂缝甚至倒塌，给工业生产、市政建设和人民生活带来极大危害。虽然地壳本身运动也能引起地面沉降，但速度极为缓慢。

地下水主要来自于地上。我们知道，大气层里存在大量的水蒸气，这些水汽遇冷就会凝结成雨和雪降落到地面。降落到地面上的水，一部分沿着地面汇集成江河湖海，表现为地表水，而另一部分则沿着地壳的空隙渗入到地下而成为地下水。

为了防止地面不断下沉，人们采取了一系列补救措施，如：采用雨水回灌、补充地下水、寻找新水源、提高水的循环利用

率、积极开展植树造林活动、防止水土流失等。

目前，防止地面下沉的措施主要是人工补给地下水源，即人工回灌。上海市自采取人工回灌以来，地面下沉的趋势得到了有效的控制。

延 伸 阅 读

我们居住的地面并不平静，它每时每刻都在运动着。现在发现许多工业城市的地面正在不断下沉。日本的大阪，年下沉速度超过0.2米，墨西哥首都墨西哥城20世纪60年代以来下沉了6米。

盛产西瓜的吐鲁番

　　新疆维吾尔自治区是我国西瓜的故乡，据说西瓜原产于非洲，通过丝绸之路传到新疆，又从新疆传到内地。在吐鲁番阿斯塔那的古墓里，就曾发现有1000多年前的西瓜种子。

　　新疆每年种植西瓜几十万亩，每逢西瓜上市，从农村到城镇，运送西瓜的汽车、马车络绎不绝，家家户户都要购买上百千克的西瓜。夏秋两季，人们以吃西瓜消暑解渴、款待宾客。如若

保存得当，还可一直吃到来年二三月，新疆自古就有"早穿皮袄午穿纱，围着火炉吃西瓜"之说。

"早穿皮袄午穿纱，围着火炉吃西瓜"这首打油诗是对新疆变化多端的气候的描写。不过"围着火炉吃西瓜"的事是千真万确的。由于吐鲁番盆地地势低洼，四面有高山阻闭，周边又被戈壁砾石包围，这里的酷热是出了名的，自古就有"火洲"之称。当地民间有"沙窝里蒸熟鸡蛋、石头上烤熟面饼"的说法。

尤其是午后，太阳火辣辣地烤着大地，走在烤烫的马路上，脚底板在发烧，就好像踩着火龙珠一样，鞋底就好像要被熔化了一样。

不谙内情的人常常发问：这么酷热的天气，当地人怎么生活？原来，这里的气温虽然高，但是比起"三大火炉"重庆、武汉、南京来，相对湿度却很低，高温低湿，给人的感觉是热而不闷。另外昼夜温差很大，正午朗日高照，炎热如夏，热浪阵阵袭来，就像桑拿"干蒸"，早晚则清凉宜人，十分舒适，夜里可坦然入睡。

吐鲁番盆地内干燥少雨，日照充足，全年日照时数3200小时，年积温5300摄氏度以上，无霜期达270天。优越的光热条件和独特的气候，使这里盛产葡萄、哈密瓜、反季节蔬菜等经济作物，被誉为"葡萄和瓜果之乡"。

吐鲁番是古丝绸之路上的重镇，曾经是西域政治、经济、文化的中心之一。吐鲁番历史悠久，从最早的交河故城，到高昌故城、

坎儿井、苏公塔、维吾尔古村落，已发现文化遗址200余处，出土了从史前到近代的40000多件文物，出土文献中仅文字就达24种之多。大量的文物和史实说明，吐鲁番是东西方文化——中国、印度、伊斯兰、希腊罗马四大文明体系的交汇点。

延 伸 阅 读

　　吐鲁番总是和葡萄连在一起。而吃葡萄最好的地方当然是葡萄沟。葡萄沟约七八千米长，田地里是连绵不绝的葡萄园，宅前屋后是几乎密不透光的葡萄架。一串串玛瑙般的葡萄挂在葡萄架上，让人垂涎欲滴。

地震形成的三大假说

　　地震的成因主要有：大陆漂移的假说、海底扩张的假说、板块构造学说。

　　20世纪20年代初产生的大陆漂移假说认为：地层产生褶皱并不需要收缩，当大陆移动，前缘如果受到阻力就会发生褶皱，就像船在水上行驶时，在船头产生波浪那样。在20世纪30年代，经过激烈辩论之后，大陆漂移说宣告失败。20世纪60年代，有人提

出了海底扩张的假说。认为由于海底的不断更新和扩张，造成古磁场和年龄数据的对称分布。而当扩张的大洋地壳到达火山边缘时，便使俯冲到大陆壳下的地幔逐渐熔化而消亡，因而无法找到古老的大洋地壳。至20世纪70年代，在大陆漂移说和海底扩张说的基础上，产生了板块构造学说。

板块构造说强调全球岩石层并非一块整体，而是由欧亚、非洲、美洲、太平洋、印度洋和南极洲六大板块组成。这些板块在地幔顶部的软流层上，随着地幔的对流而不停漂移。

板块内部地壳比较稳定，板块交界处是地壳活动较多的地带。板块构造活动是几个巨大的岩石层板块相互作用引起的。由

于地震是板块构造活动的表现之一，所以板块的相互作用也是地震的基本成因。

1976年7月28日我国唐山大地震时，人们发现震区特别是极震区的地面出现许多变化：有的地方上升，有的地方下沉，有的地方发生平面扭动，强烈地形变区集中在地震断层的两侧。

在这个地形变化带内，最大垂直错距达1米左右；地震断层水平形变呈顺时针扭动，两侧的点位相对位移量约为2.5米。一些地方出现鼓包、鼓台，一些地方的扭动使道路、路旁树木错开。

同样大小的地震，造成的破坏不一定是相同的；同一次地震，在不同的地方造成的破坏也不一样。为了衡量地震的破坏程

度，科学家又"制作"了另一把"尺子"，即地震烈度。

在我国地震烈度表上，对人的感觉、一般房屋震害程度和其他现象做了描述，可以作为确定烈度的基本依据。影响烈度的因素有震级、震源深度、距震源的远近、地面状况和地层构造等。

延 伸 阅 读

地震活动在时间上具有一定的周期性。表现为在一定时间段内地震活动频繁，强度大，称为地震活跃期；而另一时间段内地震活动相对来讲频率少，强度小，称为地震平静期。

频发火山地震的国家

由于火山活动时岩浆喷发冲击或热力作用而引起的地震，称为火山地震。火山地震一般较小，数量约占地震总数的7%左右。地震和火山往往存在关联。火山爆发可能会激发地震，而发生在火山附近的地震也可能引起火山爆发。

日本是一个经常发生火山爆发和地震的国家。日本境内为什

么多火山、多地震呢？原来，日本列岛正好位于亚欧板块与太平洋板块交界处。按照地质板块学说，太平洋板块比较薄，密度比较大，而位置相对低一些。当太平洋板块向西呈水平移动时，它就会俯冲到相邻的亚欧板块之下。于是，当亚欧板块与太平洋板块发生碰撞、挤压时，两大板块交界处的岩层便出现变形、断裂等运动，从而产生火山爆发、地震等。

日本是地震频发国家，据资料统计，全世界每年所发生的里氏6级以上地震有20％发生在日本。日本民众面对地震不恐慌、不混乱，异常镇定、沉着，社会秩序有条不紊。那么，日本人为什么不怕大地震呢？

　　1995年1月17日，日本遭遇了里氏7.2级的"阪神大地震"，造成大量人员伤亡。这次大地震后，日本政府又强化了防震抗灾措施，不仅从中央到地方迅速制定了地震防灾策略，还提高了建筑物抗震的标准。

　　此外，各个地震多发区的居民组织经常进行一些综合性防震训练和地域防灾训练。日本全国各地设有许多大大小小的地震博物馆和地震知识学习馆，免费向市民开放，让市民们亲身体验地震。这些地震馆内有模拟火灾现场的烟雾走廊，有模拟地震的震动平台，供人们亲身体验6级"地震"的状态。

　　因此，对日本国民来说，强烈的防震救灾意识已经深入人心。在每年法定的"防灾日"，日本全国上下都会动员市民参与大规模的地震防灾演练，一方面让市民懂得如何应付突如其来的灾难，另一方面也是提醒市民时时不忘防灾。

在这块经常晃动的岛屿上，"久经震场"的日本人由于掌握了大量的地震知识，积累了丰富的临震经验，所以面对地震往往比其他国家的人要镇静得多。同时，日本在测震、防震方面下了很大功夫，投入了巨资，他们当然就不怕震了。

延 伸 阅 读

日本列岛上在4世纪后才出现国家，之前只有部落，日本列岛原来也并不叫日本。在古代日本神话中，日本人称其为"八大洲"等。据《汉书》等史料记载，我国古代称日本为"倭"或"倭国"。5世纪，日本统一后，国名定为大和。